BEI GRIN MACHT SICH IHR WISSEN BEZAHLT

AF145068

- Wir veröffentlichen Ihre Hausarbeit,
  Bachelor- und Masterarbeit

- Ihr eigenes eBook und Buch -
  weltweit in allen wichtigen Shops

- Verdienen Sie an jedem Verkauf

Jetzt bei www.GRIN.com hochladen und kostenlos publizieren

Bibliografische Information der Deutschen Nationalbibliothek:

Die Deutsche Bibliothek verzeichnet diese Publikation in der Deutschen National-bibliografie; detaillierte bibliografische Daten sind im Internet über http://dnb.d-nb.de/ abrufbar.

Impressum:

Copyright © 2018 GRIN Verlag
Druck und Bindung: Books on Demand GmbH, Norderstedt Germany
ISBN: 9783668728752

Dieses Buch bei GRIN:

https://www.grin.com/document/429204

Anonym

Schwierige familiäre Hintergründe bei SchülerInnen am Beispiel von elterlicher Trennung und Scheidung sowie psychischer Erkrankung von Eltern

Ein Überblick

GRIN Verlag

Friedrich-Alexander-Universität Erlangen-Nürnberg

Lehrstuhl für Entwicklungspsychologie und Pädagogische Psychologie

Seminar: Schwierige familiäre Hintergründe bei SchülerInnen am Beispiel von elterlicher Trennung und Scheidung sowie psychischer Erkrankung von Eltern

Wintersemester 2017/2018

Schwierige familiäre Hintergründe bei SchülerInnen am Beispiel von elterlicher Trennung und Scheidung sowie psychischer Erkrankung von Eltern

Inhaltsverzeichnis

A) Psychische Erkrankung eines Elternteils

1. Gruppe A: Resilienz- Was stärkt die Kinder psychisch kranker Eltern?

1.1 Wie entsteht Resilienz und was versteht man darunter?

Als Resilienz bezeichnet man die Fähigkeit des Menschen, sich in schwierigen Lebenssituationen „nicht unterkriegen" zu lassen. Sie ist also eine Art seelischer Schutzschirm der Kinder gegenüber familiären und sozialen Belastungen und Risiken. In Belastungssituationen werden persönliche Eigenschaften und Fertigkeiten eingesetzt und familiäre sowie soziale Kräfte genutzt, welche die negativen Auswirkungen der belastenden Situation und gesundheitsschädliche Folgen abpuffern. Ein resilientes Kind ist also widerstandsfähiger und robuster als ein nicht resilientes Kind.

Resilienz ist keine zeitlich stabile und situationsübergreifende Eigenschaft, sondern hängt eng mit der Art, dem Umfang und der Dauer der Belastungen zusammen. Sie entwickelt sich in einem komplexen Zusammenspiel von Merkmalen eines Kindes und seiner Lebensumwelt. Hier spielen neben Personenmerkmalen und Temperamentseigenschaften auch Umweltfaktoren eine Rolle, wie zum Beispiel Reaktionen der Eltern und anderer enger Bezugspersonen, das elterliche Erziehungsverhalten und die Förderung in Kindergarten und Schule. Die Wurzeln für die Entstehung der Resilienz liegen demnach in besonders schützenden Faktoren innerhalb des Kindes und in seinem sozialen Umfeld.

1.2 Benennen Sie persönliche Schutzfaktoren von Kindern, die bei ungünstigen Entwicklungsbedingungen, wie etwa der psychischen Erkrankung eines Elternteils, zum Tragen kommen.

Die Schutzfaktoren lassen sich kategorisieren in persönliche, familiäre und soziale Schutzfaktoren.

Zu den persönlichen Schutzfaktoren zählen ein ausgeglichenes Temperament, gute Selbsthilfefertigkeiten, Problemlöse- und Kommunikationsfähigkeit, Selbstvertrauen und hohes Selbstwertgefühl, Selbstwirksamkeitsüberzeugungen, hohe Sozialkompetenz, also Einfühlungsvermögen, Kontaktfähigkeit und Verantwortungsübernahme, ein ausgeprägtes Kohärenzgefühl und Planungskompetenz.

Das ausgeglichene Temperament sorgt für eine Erleichterung der Beziehung zu den Eltern. Dieses positive Temperament löst bei Eltern positive Reaktionen aus. Hingegen Kinder mit schwierigem Temperament sind unruhiger, unausgeglichener und können sich schlechter an neue Situationen anpassen. Selbsthilfefertigkeiten sorgen für ein selbstbewussteres, selbständigeres und offeneres Auftreten gegenüber anderen Menschen.

Mit guten Problemlöse- und Kommunikationsfähigkeiten können Gefühle besser ausgedrückt werden und Signale anderer Menschen werden sinnvoller interpretiert und verstanden. In Problemsituationen kann Verantwortung übernommen werden, was eine Grundvoraussetzung für den Umgang mit Belastungen ist.

Eine hohe Sozialkompetenz und ein ausgeprägtes Kohärenzgefühl sorgen für Verantwortungsbewusstsein, Selbstständigkeit und Leistungsorientierung, eine gewisse soziale und emotionale Reife, eine optimistische Lebenseinstellung und ein hohes Einfühlungsvermögen gegenüber anderen Personen.

Planungskompetenz lässt das Kind eigene, realistische Berufs- und Lebensziele anstreben. Ein planungskompetentes Kind kann seine Zukunft gut vorausplanen.

1.3 Was ist eine Selbstwirksamkeitsüberzeugung?

Selbstwirksamkeitsüberzeugung beschreibt die Überzeugung, durch eigenes Handeln tatsächlich etwas bewirken zu können, also Probleme zu verändern und bewegen zu können. Die Person, welche von ihrer Selbstwirksamkeit überzeugt ist, erlebt sich in Situationen „wirksam". Sie ist überzeugt, dass Ereignisse nicht ausschließlich von Glück, Zufall oder anderen Personen bestimmt werden, sondern dass man selbst Einfluss auf die Dinge des eigenen Lebens ausübt, zum Beispiel das Beeinflussen von Problemen durch das eigene Tun. Die Selbstwirksamkeitsüberzeugung gilt als prägender Resilienzfaktor, weil sie wesentlich das Denken, die Überzeugung und Motivation einer Person beeinflusst.

1.4 Benennen Sie familiäre Schutzfaktoren

Zu den familiären Schutzfaktoren gehören die sichere Bindung, ein emotional positives, akzeptierendes und zugleich Grenzen setzendes Erziehungsklima sowie altersangemessene Verpflichtungen des Kindes in der Familie, eine harmonische Paarbeziehung der Eltern, konstruktive familiäre Überzeugungen wie Optimismus und Zuversicht und Flexibilität sowie Verbundenheit der Familie zur Anpassung an neue Situationen.

Die harmonische Paarbeziehung der Eltern ist wichtig, das sie die „Architekten der Familie" sind, die das emotionale Fundament der Familie schaffen. Wie sie agieren, prägt in starker Weiße die Familienatmosphäre.

Eine konstruktive Überzeugung der Familie sorgt für ein Zusammengehörigkeitsgefühl und die Überzeugung, dass Probleme dann am ehesten überwunden werden, wenn die Familie zusammenhält. Flexibilität und wird benötigt, um sich den veränderten Situationen schnell anpassen zu können, um wieder Stabilität herzustellen. Beim Gefühl der Verbundenheit fühlt man die innere Verpflichtung, sich bei Belastungen gegenseitig zu helfen.

1.5 Können Sie sich vorstellen, die Resilienzsätze „Ich habe...", „Ich kann..." auch im schulischen Kontext nutzen zu können?

Mit diesem Wortschatz können Kinder Resilienz bewusst bei sich selbst wahrnehmen. Eltern, Lehrer und Erzieher können dieses Vokabular einsetzen, um die Gefühle, Einstellungen und Verhaltensweisen, die Resilienz fördern, zu verstärken. So lassen sich die Resilienzsätze umformulieren in „du hast..."-, „du kannst..."- und „du bist..."-Sätze zur Rückmeldung von positiven Eigenschaften.

2. Gruppe B: „Was stärkt die Kinder psychisch kranker Eltern...?

2.1 Erläutern Sie die Aussage, „dass bei Menschen mit einer hohen erblich bedingten Vulnerabilität gerade die Umwelteinflüsse besonders relevant sind, und zwar sowohl im positiven als auch im negativen Sinne".

Kinder psychisch kranker Eltern stellen eine besondere Risikogruppe dar. Wachsen sie in Familien auf, in denen ein Elternteil psychisch krank ist, sind sie in vielfältiger Weise durch die elterliche Erkrankung betroffen und stehen unter erhöhtem Risiko auch selbst eine psychische Störung zu entwickeln. Zahlreiche empirische Studien haben dies belegen können. Das erhöhte Risiko lässt zum Teil auf Wirkung genetischer Einflüsse, also die erblich erworbene Verletzlichkeit, schließen. Eine determinierende Wirkung genetischer Faktoren kann aber ausgeschlossen werden. Die genetische Ausstattung bestimmt mit, ob sich belastende Lebensereignisse pathogen auswirken oder nicht. Sie moderieren also die Umwelteffekte. So konnte gezeigt werden, dass bei Menschen mit einer hohen erblich bedingten Vulnerabilität die Umwelteinflüsse besonders relevant sind. Umwelteinflüsse sind also unter Umständen ausschlaggebender als die erblich bedingte Vulnerabilität.

2.2 Erläutern Sie die Bedeutung von Generationengrenzen.

Generationengrenzen ergeben sich aus der Anerkennung der Unterscheidung in elterliche und kindliche Rollen und der Einhaltung der zugehörigen Interaktionsregeln. Durch die psychische Erkrankung ist die Einhaltung dieser Rollen gefährdet und das System Familie gerät durcheinander, sodass es häufig zur Parentifizierung kommt, also eine Rollenumkehr, in welcher die Kinder die Eltern- oder Partnerfunktion und somit einen Großteil der Verantwortung für das Wohlbefinden ihrer Eltern übernehmen. Eine solche Rollenumkehr ist in der Mehrzahl der Familien mit psychisch kranken Eltern zu beobachten.

2.3 Welche Belastungen können für Kinder mit Vorliegen einer psychischen Erkrankung eines Elternteils noch zusätzlich auftreten?

Relevante belastende Faktoren sind unter anderem die Länge und Schwere der elterlichen Erkrankung, Einschränkungen in der Erziehungsfähigkeit der Eltern, darunter fallen beispielsweise Fürsorge, Betreuung und die Eltern-Kind-Beziehung, eheliche Disharmonie, Funktionalität der Familie, also fehlende Generationengrenzen sowie das Fehlen von zuverlässigen und vertrauensvollen sozialen Beziehungen. Kinder psychisch kranker Eltern sind folgenden familiären Risikofaktoren besonders häufig ausgesetzt: Armut, niedriger Ausbildungsstand beziehungsweise Berufsstatur der Eltern oder Arbeitslosigkeit der Eltern, Vernachlässigung, Misshandlung und sexueller Missbrauch. Das Zusammenwirken verschiedener Belastungsfaktoren beeinflusst besonders schwerwiegend die kindliche Entwicklung, da sich die negativen Effekte wechselseitig verstärken und eine kumulative Wirkung erzeugen.

2.4 Erläutern Sie die im Text genannten Risiko- und Schutzfaktoren.

Schutzfaktoren sind Ressourcen, um Risiken abzupuffern und Fehlentwicklungen oder die Entwicklung von pathogenen Strukturen zu verhindern oder abzumildern. Ressourcen sind aktuell verfügbare Potenziale oder Stärken, die die Entwicklung des Kindes wesentlich unterstützen. Es wird unterschieden zwischen kindzentrierten und familienzentrierten Risiko- und Schutzfaktoren.

Temperamentsmerkmale: Ein „einfaches" Temperament erleichtert die Interaktion mit den Bezugspersonen und verringert die Wahrscheinlichkeit von negativen Interaktionen. Ein „schwieriges" Temperament kann zum Risikofaktor werden, wenn die Eltern selbst ähnliche Merkmale aufweisen und die sozialen Ressourcen und Kompetenzen in der Familie gering sind.

Soziale Kompetenzen und kommunikative Fähigkeiten: Eine höhere Ausprägung kann dazu führen, dass erfolgreichere oder sozial akzeptablere Bewältigungsformen gefunden werden. Eine geringe Ausprägung hat eine unrealistischere Einschätzung sozialer Zusammenhänge und zwischenmenschlicher Beziehungen zur Folge und kann damit zum Risikofaktor werden.

Kognitive Kompetenzen: Intelligenz steht mit positiven Schulleistungen im Zusammenhang, die eine Quelle der Selbstbestätigung sind und negative Erfahrungen in der Familie kompensieren können. Allerdings kann Intelligenz aufgrund der differenzierter wahrgenommen Umwelt und dem sensibleren Umgang mit Belastungen auch zu

Störungen im internalisierenden Bereich führen.

Positive Selbstkonzepte: Selbstwirksamkeit bezeichnet die Erwartung einer Person, in einer gegebenen Situation aufgrund der vorhandenen Fähigkeiten, ein spezifisches Verhalten auszuführen, das zu einem gewünschten Ergebnis oder Zustand führt. Durch das Erleben von Selbstwirksamkeit werden Anpassungsversuche in Gang gesetzt. Gefühle von Hoffnungslosigkeit hingegen führen zu Passivität der betroffenen Person.

Kohärenzgefühl: Kohärenzgefühl bezeichnet eine starke Ausprägung, beispielsweise religiöse und ethische Wertorientierungen und führt zu sinn- und strukturgebenden Wahrnehmungen von Lebensereignissen, was deren Bewältigung erleichtert.

Emotionale Bindung an Bezugspersonen: Stabil und emotional sicher gebundene Kinder können kompetente Bewältigungsstrategien entwickeln und Impulse, Bedürfnisse und Gefühle dynamisch an Situationen anpassen. Sie verfügen über eine höhere Ich-Flexibilität und realistischere Vorstellungen über ihre Fähigkeiten und Möglichkeiten. Unsicher gebundene Kinder hingegen zeigen unter anderem mehr Hilflosigkeit, Ängstlichkeit und Feindseligkeit. Sie erkennen gegenseitige Unterstützung bei emotionaler Belastung nicht als protektiven Faktor, wodurch sie vermutlich an der Nutzung von sozialer Unterstützung gehindert sind. Eine grundsätzliche Gefahr einer emotional sicheren Bindung besteht in der Entwicklung von emotionaler Abhängigkeit oder internalisierender Symptome.

Merkmale des Erziehungsklimas: Merkmale des Erziehungsklimas meinen ein emotionales und herzliches Klima, regelmäßige gemeinsame Aktivitäten, feste Regeln für das Verhalten und klare Einhaltung der Elternrolle fördern Resilienz

Paarbeziehung der Eltern: Eine dysfunktionale Paarbeziehung aufgrund von nicht ausgereiften Kommunikations-, Konfliktregelungs- und Problemlösefähigkeiten der Partner kann zu Generationengrenzenstörungen und Parentifizierung führen.

Familienstrukturen: Kohäsion, also das Ausmaß emotionaler Bindung der Familienmitglieder, und Adaptabilität - die Fähigkeit der Veränderung von Machtstrukturen, Rollenbeziehungen und Beziehungsregeln entsprechend der Belastung - eines Familiensystems fördern die Resilienz von Kindern. Kommunikation erleichtert beides.

Soziale Unterstützung: Die Verfügbarkeit und Mobilisierbarkeit sozialer Unterstützung trägt wesentlich zur Resilienz bei, da soziale Ressourcen in Krisensituationen als Puffer wirken und belastende Lebensumstände mildern.

2.5 Welche Arten von Copingstrategien werden genannt?

Lazarus und Folkman differenzieren zwischen Bewältigungsstrategien mit instrumenteller beziehungsweise problemlösender Funktion und Bewältigungsstrategien mit palliativer beziehungsweise emotionsorientierter Funktion. Das problemfokussierte Coping ist mit Kontrolle oder Veränderung stressauslösender Situations- oder Personenmerkmale verbunden, wie beispielsweise durch Veränderung des Tagesablaufs oder durch ein klärendes Gespräch. Ziel des emotionsfokussierten Copings ist die Kontrolle und Regulation der negativen physischen und psychischen Wirkungen, wie zum Beispiel durch Ablenkung, Entspannung und Vermeidung.

Genannt werden nach Lohaus problemorientierte Copingstrategien, emotionsregulierende Copingstrategien, also konstruktive und destruktive Regulation, die Nutzung sozialer Unterstützung mit problemorientierter und emotionsregulierender Funktion und Problemmeidung.

3. Gruppe C: „Elterliche Erkrankung und Gesundheit der Kinder"

3.1 Wie wirken Schweregrad und Chronizität der elterlichen psychischen Erkrankung auf die kindliche Entwicklung?

Je länger eine depressive Störung der Eltern dauert, je mehr Episoden bisher vorkamen und je schwerer diese ausgeprägt ist, desto größer scheint bei Kindern das Risiko auch an einer psychischen Störung zu erkranken. Besonders die Schwere und Chronizität der Erkrankung der Mutter sowie der Sozialstatus der Familie haben großen Einfluss. Risikomildernd wirken sich gesunde Intervalle zwischen den Störungsepisoden chronisch verlaufender Störungen aus. Schweregrad und Chronizität leisten einen prädikativen Beitrag zur Erklärung der Häufigkeit von Problemverhalten und Beeinträchtigung kognitiver Fähigkeiten.

3.2 Was verstehen wir unter internalisierenden und externalisierenden Störungen?

- **Internalisierende Störungen** kann man von außen nicht erkennen. Hierbei handelt es sich um Probleme, die innerlich bearbeitet werden, wie beispielsweise Depression, Selbstzweifel oder Ängste.

- **Externalisierende Störungen** sind Verhaltensauffälligkeiten, die von außen betrachtet werden können wie Unruhe, Nervosität und aggressives Verhalten.

3.3 Welche psychischen Störungen der Eltern sind mit besonders starken Symptombelastungen bei Kindern verbunden?

Kinder von Eltern mit Persönlichkeitsstörungen sind am verhaltensauffälligsten und unterscheiden sich in Gesamtauffälligkeit und externalisierenden Verhalten von Kindern mit elterlichen substanzbedingten Störungen. Die Auffälligkeitsraten der Kinder von Eltern mit Schizophrenie, affektiven Störungen und Anpassungsstörungen unterscheiden sich jedoch nur unwesentlich.

3.4 Erläutern Sie den Zusammenhang zwischen Expositionsdauer (bezüglich der elterlichen psychischen Erkrankung) und kindlichen Auffälligkeiten.

Zwischen der Expositionsdauer und den kindlichen Auffälligkeiten wird ein positiver, linearer Zusammenhang erwartet. Jedoch ergeben sich bei externalisierenden Auffälligkeiten und Gesamtauffälligkeit bedeutsame negative Zusammenhänge mit der Expositionsdauer. Ebenso bei internalisierenden Auffälligkeiten, wenn auch weniger ausgeprägt. Je länger Kinder der elterlichen Störung ausgesetzt sind, desto geringer auffällig werden sie von den Eltern eingeschätzt.

3.5 Welche Aspekte der psychischen Störungen der Eltern stehen mit kindlicher Symptomatik im Zusammenhang?

Es ergeben sich signifikante positive Zusammenhänge zwischen Gesamtbeeinträchtigung, „Somatisierung", „Phobischer Angst" und der Auffälligkeit der Kinder. Besonders hoch ist die Korrelation zwischen „Somatisierung" und „internalisierende Auffälligkeiten" sowie „Phobischer Angst" und Gesamtauffälligkeit. Zwischen elterlicher „Depressivität" und Auffälligkeit der Kinder besteht ein geringer, wenig bedeutsamer Zusammenhang.

4. Gruppe D: „Entwicklungsrisiken von Kindern psychisch kranker Eltern"

4.1 Fassen Sie die Risiken von Kindern mit Eltern mit Störungen durch Alkohol- und Drogenkonsum zusammen.

Das allgemeine Erkrankungsrisiko ist bei allen psychischen Krankheiten bei Kindern höher als das spezifische Erkrankungsrisiko. Auffällig ist, dass das spezifische Erkrankungsrisiko bei Suchterkrankungen wie Alkohol- und Drogenkonsum höher als bei allen anderen psychischen Erkrankungen ist. Die Wahrscheinlichkeit an einer Alkoholabhängigkeit zu erkranken, wenn die Mutter daran erkrankt ist, liegt bei 21,2 %. Im Vergleich dazu: Die Wahrscheinlichkeit an Schizophrenie zu erkranken, wenn die Mutter daran erkrankt ist, liegt bei 6,7%.

5. Kapitelübergreifend: Welche Bedeutung hat das Gelesene für Sie als künftige Lehrer im Umgang mit Schülern und deren Eltern?

Das Seminar und die gelesenen Texte sensibilisierten für das Thema der psychischen Erkrankung eines oder beider Elternteile. Hinsichtlich dem Umgang mit betroffenen Schülerinnen und Schüler sowie Eltern gibt es Dinge, die zu beachten sind.

Auffälliges Schülerverhalten, das einem im Alltag begegnet, sollte im Rahmen der Möglichkeiten als Lehrkraft nachgegangen werden. Ein erster Schritt ist das Anbieten von Anlaufstellen. Das können Vertrauenslehrer oder -lehrerinnen der Schule sein oder auch außerschulische Hilfsangebote. Auch der betroffenen Schülerin oder dem betroffenen Schüler das Gespräch mit einem selbst anzubieten, kann bereits hilfreich sein. Weiterhin gibt es die Möglichkeit, die psychisch kranken Eltern oder das psychisch kranke Elternteil in die Sprechstunde einzuladen, um die Situation des Kindes besser einschätzen zu können und so besser darauf eingehen zu können. Innerhalb des Kollegiums sollte auf die die besondere Situation eines betroffenen Schülers oder einer betroffenen Schülerin aufmerksam gemacht werden, um zu verhindern, dass andere Lehrkörper in „Fettnäpfchen" treten. Hinzukommend ist es empfehlenswert die Resilienzsätze, anzuwenden, um die Zöglinge positiv zu bestärken und ihre Resilienz gegenüber den möglichen negativen Folgen bei der psychischen Erkrankung eines Elternteils zu stärken. Hat man einen besonders problematischen Fall, beispielsweise die drohende Verwahrlosung eines Kindes oder dauerhaft fehlende Verpflegung wie Essen und saubere Kleidung sowie dauerhaft mangelnde Hygiene, sollte auch in Erwägung gezogen werden, das Jugendamt über die Zustände zu informieren.

B) Trennung und Scheidung bei Eltern von Schülern (aus dem Buch „Kindern bei Trennung und Scheidung helfen"

1. Gruppe A (Kapitel 1 „Wenn Eltern auseinandergehen")

1.1 Warum könnte man denken, dass es heutzutage „normaler" ist, getrennte Eltern zu haben als noch vor 20 oder 30 Jahren?

Es gilt als „normaler" durch die hohe Scheidungsrate. Nahezu jede dritte Ehe in Deutschland wird geschieden. In Großstädten sind es sogar bis zu 50 % der Ehen. Im Jahr 2011 war jede fünfte Familie alleinerziehend. Im Vergleich dazu war dies 1996 nur jede siebte Familie. Durch das „normaler" werden, getrennte Eltern zu haben, ist mittlerweile kein gesellschaftlicher Makel an Scheidungen haftend und Scheidungskinder werden also nicht mehr stigmatisiert. Hinzukommend lernen Kinder meist bereits früh andere Kinder kennen, die auch getrennte Eltern haben.

1.2 Wieviel Prozent der Kinder erleiden langfristig Schäden durch die Trennung ihrer Eltern?

10 % der Kinder mit geschiedenen Eltern erholen sich erwiesenermaßen von der Trennung und Scheidung ihrer Eltern und dem, was in dieser Zeit beziehungsweise vorher oder nachher geschah, nie wieder richtig.

1.3 Welche Gefühle können bei Kindern im Kontext der Trennung ihrer Eltern auftreten?

- **Aggression, Unruhe:** Diese Gefühle treten vor allem bei Jungs auf. Sie sind um so stärker, je früher die Trennung erfolgt.
- **Schuldgefühle**: Kinder sind der Trennung, einem Geschehen, das sie persönlich betrifft, ohnmächtig ausgeliefert und suchen daher für das, was passiert, eine rationale Erklärung. Sie beschuldigen ungern den einen oder anderen Elternteil und suchen daher die Schuld oft bei sich selbst.
- **Unsicherheit, Angst**: *„Seine Eltern mögen eine Welt verlieren, das Kind verliert seine ganze Welt."* Kinder beschäftigen sich mit Fragen wie „Wenn der eine geht, warum dann nicht auch der andere? Vielleicht nicht jetzt, aber später irgendwann?"
- **Ohnmacht, Hilflosigkeit:** Diese treten bei sehr kleinen Kindern unter drei Jahren auf aufgrund ihrer existenziellen Abhängigkeit von den Eltern. Nach Beobachtungen aus der Bindungstheorie nehmen diese Kinder Streit und Auseinandersetzungen ihrer Eltern über längerem Zeitraum als bedrohlich für die Gewährung von Schutz und Geborgenheit wahr. Sie fallen sozusagen aus ihrem Nest und es können sich altersspezifische Verhaltensauffälligkeiten ergeben,

welche oft mit Rückschritten in ihrer Entwicklung zusammenhängen.

1.4 Was ist wichtig für Kinder, wenn es zu einer Trennung der Eltern kommt?

Im Falle einer Trennung, ist es wichtig, das Kind positiv zu bestätigen. Es muss auf die Wortwahl geachtet werden. Sätze wie „Es reicht mir mit dir, du machst alles nur noch schwerer" sollten vermieden werden.

Weiterhin ist wichtig, dass beide Elternteile Gesprächspartner für das Kind bleiben und dieses auch nach der Scheidung das Gefühl vermittelt bekommt, beschützt und geborgen zu sein. Die Eltern müssen sich ihrer gemeinsamen Verantwortung bewusst sein.

2. Gruppe B (Kapitel 3 „Das Leben nach der Trennung")

2.1 Was sind Vorteile einer Betreuungsregelung, bei der das Kind schwerpunktmäßig bei einem Elternteil wohnt und mit dem anderen regelmäßigen Umgangskontakt hat (sogenanntes „Residenzmodell")? Welche Nachteile kann dieses Betreuungsmodell auch haben?

Das Residenzmodell vermittelt Kindern die nötige Sicherheit, daher ist es wichtig Verabredungen und Rituale konsequent einzuhalten. So können außerdem die Eltern das Kind in ihren Alltag mit einbeziehen, etwa das Wissen, wann das geschiedene Elternteil erreichbar ist, kann Kindern sehr behilflich sein. So wissen sie, wann sie womöglich auch von sich aus auf das „fehlende" Elternteil zugehen können. Darüber hinaus wechselt das Kind im Residenzmodell nicht zwischen „zwei Welten" und kann sich so ein „Basislager", also ein Zentrum an dem es sich wohlfühlen kann, schaffen, was den Identitätsaufbau des Kindes positiv beeinflusst. Das bekannte Umfeld und die vertraute Umgebung bleiben dem Kind erhalten. Das ist unter psychologischen Gesichtspunkten durchaus sinnvoll, denn besonders jüngere Kinder brauchen ein Zentrum, an dem sie sich sicher und geborgen fühlen. So werden unter anderem auch Existenzängste gemindert.

Nachteile dieses Betreuungsmodell könnten unter anderem sein, dass ein Elternteil benachteiligt ist und weniger Kontakt zu seinem Kind hat als das andere, bei dem das Kind das „Basislager" sieht. Auch ist es möglich, dass das Elternteil mit weniger Kontakt auf Grund dessen das Kind „umwirbt" mit besonderen Unternehmungen und Geschenken, was wiederum zu Konflikten beziehungsweise sogar zu Konkurrenz zwischen dem Elternpaar führen kann. Der Elternteil, bei dem das Kind lebt, hat das „Erziehungsmonopol", da es das Kind in Alltagssituationen erlebt.

2.2 Was versteht man unter dem Wechselmodell? Welche Vor- und Nachteile hat es?

Unter dem Wechselmodell versteht man die Regelung, dass das Kind abwechselnd eine Woche bei dem einen und die nächste bei dem anderen ist. Dies stiftet neben einer Reihe von organisatorischen Schwierigkeiten auch beim Kind eher Verwirrung. So führt das Kind buchstäblich ein Doppelleben und leicht geht ihm der Mittelpunkt, um den herum es seine Identität aufbaut, verloren. Es wechselt quasi zwischen „zwei Welten", und oft kommt ihm dabei das Gefühl der „Ganzheit" abhanden. Eine solche Regelung setzt also eine hohe Anpassungsfähigkeit des Kindes voraus, was für jüngere Kinder eine zu hohe Bürde darstellt. Zudem setzt eine solche Regelung einen ständigen Kommunikationsaustausch und Kooperationsfähigkeit der getrennten Eltern voraus, und das fällt kurz nach der Trennung meist besonders schwer. Als Vorteil dieser Regelung kann man den gleichmäßigen Kontakt zu beiden Elternteilen sehen, wodurch kein Elternteil benachteiligt ist. So kann das Kind beide Elternteile gleichermaßen häufig sehen.

2.3 Warum ist es emotional belastend für Kinder, wenn sich ein Elternteil nach der Trennung völlig zurückzieht und gar keinen Kontakt mehr zum Kind hat?

Kinder begreifen sich als Teil des Systems „Familie" und auf der Basis dieser Vater-Mutter-Kind-Beziehung bildet das Kind seine eigene Identität und knüpft später seine eigenen sozialen Kontakte. Wenn das gewohnte Bindungssystem durch längere oder endgültige Abwesenheit eines Elternteils auseinandergerissen wird, erfährt das Kind eine extreme Form von Ablehnung, die nur schwer überwunden werden und zu einem schweren seelischen Trauma führen kann.

2.4 Was sind die wichtigsten Aspekte bei allen Regelungen, die für die Zeit nach der Trennung getroffen werden?

An oberster Stelle sollte das Kindeswohl stehen und sichere Strukturen für das Kind schaffen. Zu Beginn sollten die Eltern dem Kind verständlich machen, warum sie sich trennen. Sie sollten klare Besuchsregelungen aufstellen und Rituale einführen und diese zuverlässig einhalten, um dem Kind einen stabilen Rahmen zu bieten. Außerdem sollten radikale Veränderungen möglichst minimiert werden und das gewohnte Umfeld des Kindes erhalten bleiben. Die Eltern sollten stets Gesprächsbereitschaft signalisieren und „Blockbildung" gegen das anderen Elternteil vermeiden, da dies für das Kind belastend ist.

2.5 Was versteht man unter einer „Patchwork-Familie"? Welche Herausforderungen sind damit verbunden?

Eine Patchwork-Familie ist eine familienähnliche Wohngemeinschaft, in der mindestens ein Partner, temporär oder dauerhaft, mindestens ein Kind aus vorangegangener Ehe oder Partnerschaft mitbringt. Patchwork-Familien sind heute keine Ausnahme mehr, sondern schon fast zum „Normalfall" geworden. Die typischen Familienrollen sind unter

Umständen doppelt besetzt, was zu Unklarheiten in Erziehungsfragen, aber auch zu Bevorzugung und Benachteiligung führen kann. Dies stiftet bei besonders jüngeren Kinder durchaus Verwirrung. Deshalb ist es wichtig, den Kindern viel Zeit zu geben, sich an die neue Situation zu gewöhnen. Eine „Patchwork-Familie" sollte man nicht überstürzt und im ersten Stadium neuer Verliebtheit gründen, sondern erst dann, wenn sich alle Beteiligten aneinander gewöhnt haben. Die Beziehung zu „leiblichen" Kindern und „nicht leiblichen" sind anders. Die Kinder selbst unterscheiden, indem sie den einen „Papa" und den anderen beim Vornamen nennen. Dies deutet auf eine unterschiedliche Verteilung der Verantwortlichkeiten hin.

3. Gruppe C (Kapitel 4 „Die besondere Situation der Väter")

3.1 Was hat sich bei der Rolle der Väter in den letzten Jahren verändert?

Die „alte Vätergeneration" und die damit verbundenen traditionellen Vorstellungen schwinden, sodass Väter generell ein positiveres Verhältnis zu ihren Kindern entwickeln. So kümmern sich Väter ab der Geburt mit um die Pflege des Kindes und 44 % der Väter nehmen „Elternzeit", wenn auch meist nur für 2 Monate, in Anspruch. Für Vollzeit arbeitende Väter ist es immer noch problematisch die Balance zwischen Beruf und Familie zu finden, jedoch möchten auch sie mehr Zeit mit ihren Kindern verbringen.

3.2 Welche Gefühle können bei Vätern nach der Trennung auftreten?

Da sich die Väter im Falle einer Trennung auf Dauer von den Kindern verabschieden müssen, obwohl sie die Kinder nach wie vor lieben, treten oft Schuldgefühle und ein Gemisch aus tiefen Schmerz und Wut auf. Hinzu kommen Ohnmachtsgefühle, da die Kinder normalerweise bei der Mutter bleiben und er keinen juristischen Konflikt heraufbeschwören möchte. Meist gesellt sich das Gefühl der Einsamkeit dazu, wenn der Vater nach der Arbeit allein in seiner neuen Wohnung sitzt. Des Weiteren kann die Angst, depressiv zu werden, auftreten sowie ebenfalls die Angst sowohl im Alltag als auch im Beruf nicht mehr so gut funktionieren zu können, sodass die Väter nicht mehr genug Geld für den Unterhalt ihrer Kinder verdienen. In Bezug auf ihre Kinder und ihre neue Partnerin können sie sich schuldig fühlen, da sich unter einem permanenten Rechtfertigungsdruck stehen, weil sie nicht genug Zeit für beide Seiten haben.

3.3 Was macht Kindern hinsichtlich der Zeit, die sie (häufig an Wochenenden) mit ihren Vätern verbringen, zu schaffen? Warum kann dies bei Verhaltensauffälligkeiten, z.B. gegenüber Freunden oder im schulischen Kontext, relevant sein?

Kinder mit „Besuchsvätern" können Schuldgefühle entwickeln, weil sie oft mehr Zeit mit ihrem Vater verbringen möchten, aber gleichzeitig merken, dass ihre Mutter, die unter der Trennung leidet, das belastet. Auch bemerken Kinder die aggressive Stimmung, wenn sie vom Vater zurückkommen und die Mutter sie über die verbrachte Zeit befragt. Dieser Zustand sollte nicht zu lange anhalten, da die Situation für Kinder sehr verwirrend ist und sie sehr widersprüchliche Gefühle durchleben. Wenn Kinder diese Gefühle zu lange unterdrücken, können sie diese nach außen gegen Mitschüler und Lehrer richten. Aus diesem Grund sollte bei Verhaltensauffälligkeiten immer auch das familiäre Umfeld einbezogen werden.

3.4 Erläutern Sie die Bedeutung der „Liebe beider Elternteile" für die Kinder.

Grundsätzlich gilt, wenn Paare sich trennen bleiben sie trotzdem gemeinsam Eltern. Der Elternteil, bei dem die Kinder den Alltag verbringen, sollte alles dafür tun, dass die Kinder sich nicht schuldig fühlen, wenn sie beim anderen Elternteil Zeit verbringen. Die Kinder sollten liebevoll empfangen werden, wenn sie wiederkommen und nicht ausgefragt werden. Ein Ritual sollte vereinbart werden, damit die Übergabe der Kinder in einer freundlichen und verständnisvollen Atmosphäre stattfinden kann. Elternteile sollten mit ihren Kindern, zum Beispiel per online per Kommunikationsnachrichtendienst am Smartphone, über die „Besuchstage" hinaus Kontakt halten. Wichtig ist, dass die Kinder sich der Liebe beider Eltern sicher sind, damit sie sich überall sicher und aufgehoben fühlen.

3.5 „Getrennte Paare bleiben gemeinsam Eltern" und „für die Kinder zählt die Zukunft". Welche Bedeutung können diese Sätze für sie als angehenden Lehrer im Umgang mit getrennten Eltern haben?

Trotz einer Trennung bleiben Paare immer noch Eltern, deswegen ist es wichtig bei schulischen Angelegenheiten immer auch beide zu verständigen. Bei Verhaltensauffälligkeiten sollte immer auch das familiäre Umfeld berücksichtigt werden. Ein Blick in den Schülerbogen kann diesbezüglich hilfreich sein. Man könnte die Eltern getrennt in die Sprechstunde einladen.

4. Gruppe D (Kapitel 5 & 6 „Langfristige Folgen für die Kinder" und „Schutzfaktoren für Scheidungskinder")

4.1 Benennen Sie die aus Ihrer Sicht wichtigsten Ergebnisse aus den wissenschaftlichen Studien von Judith Wallerstein und Mavis Hetherington?

Es gibt keine Gesetzmäßigkeit, dass Trennung und Scheidung von Eltern automatisch zu „bleibenden Schäden" bei den Kindern führen. Mavis Hetherington kommt zu dem Schluss, dass sich circa 80 % der Kinder gut auf ihr neues Leben einstellen konnten und mehr oder weniger zu ausgeglichenen Individuen wurden. Das spätere Lebensglück dieser Kinder hängt vielmehr davon ab, wie sich ihre Eltern nach der Trennung verhalten. Wenn Kinder längerfristige Probleme äußern, dann hauptsächlich im emotionalen Bereich, also geringes Selbstwertgefühl, Bindungsprobleme in Partnerschaften aus Angst und verlassen zu werden.

4.2 Wie kann sich die emotionale Belastung von Kindern in Folge von Trennung und Scheidung der Eltern im schulischen Kontext bemerkbar machen?

Bei einer Trennung oder Scheidung kann es kurzfristig in der akuten Trennungsphase zu schlechteren kognitiven Leistungen und schlechten Noten kommen, was die Kinder aber meistens wieder schnell kompensieren können. Es kommt eventuell zu einem verändertem Verhalten der Kinder im Unterricht und im Umgang mit Klassenkameraden. Grundsätzlich werden weniger die schulischen Leistungen als das schulische Verhalten beeinflusst

4.3 Warum bekommen Kinder nach der Trennung der Eltern häufiger eine „ADHS-Diagnose"?

Manche Schüler beschäftigt die Trennung so stark, dass sie in der Schule unkonzentrierter und unaufmerksamer sind, nicht richtig still sitzen können, sich leicht ablenken lassen oder schneller wütend und aggressiv werden. Diese Verhaltensweisen ähneln den Symptomen von AD(H)S und werden so oftmals vorschnell und fälschlicherweise von Eltern oder Lehrern diagnostiziert. Diese „Aufmerksamkeitsstörung" oder vielmehr fehlende Aufmerksamkeit ist nicht auf AD(H)S, sondern auf die seelische Verunsicherung zurückzuführen.

4.4 Benennen Sie Schutzfaktoren, die die negativen Folgen von Trennung und Scheidung für die Kinder abpuffern helfen.

- **Verlässlichkeit:** Kinder müssen auf die Fürsorge und den Schutz ihrer Eltern weiterhin bauen können. Es gilt, möglichst schnell eine verlässliche Alltagsstruktur aufzubauen.

- **Keine gegenseitige Abwertung:** Streit und Beschimpfungen sind vor Kindern zu unterlassen

- **Keine übertriebene Verwöhnung:** Die Kinder sollen nicht aus Schuldgefühlen über die Maße verwöhnt werden, sondern trotzdem konsequent, verantwortlich erzogen und Grenzen gesetzt werden.

- **Kinder nach der Trennung nicht zu „Partnern" machen:** Zwischen den eigenen Interessen und denen des Kindes soll eine klare Trennungslinie gezogen sein.

- **Den Blick optimistisch in die Zukunft richten:** Den Blick in die Zukunft und nicht die Vergangenheit oder die vielleicht schmerzhafte Gegenwart richten.

- **Bei Depression und langanhaltender Trauer professionelle Hilfe in Anspruch nehmen.**

- **Dem Kind ein gutes Selbstwertgefühl vermitteln:** Zu den möglichen negativen Folgen von Trennung bei Kindern gehört, ein geringes Selbstwertgefühl zu entwickeln. Kindern muss immer wieder vermittelt werden, dass sie liebenswert sind

- **Gemeinsam sind wir stark:** Eltern sollten trotz Trennung kooperativ miteinander umgehen und dem Kind vermitteln, dass ihre Liebe zum Kind ein Leben lang hält.

5. Kapitelübergreifend: Welche Bedeutung hat das Gelesene für Sie als künftige Lehrer im Umgang mit Schülern und deren Eltern?

Auch zum Themenbereich Trennung und Scheidung bei Eltern von Schülerinnen und Schülern hatten das Seminar sowie die gelesenen Texte eine sensibilisierende Wirkung. Dem Grund für auffälliges Verhalten ist auch hier nachzugehen. Ein Blick in die Schülerkartei kann nicht schaden, um eventuell mehr Information zu finden. Der erste Schritt bei auffälligen Schülerinnen und Schülern mit getrennten Eltern sollte auch hier sein, Hilfestellung anzubieten und vorzustellen in Form von schulinternen Gesprächspartnern und externen Anlauf- und Beratungsstellen. Zeigen sich keine ungewöhnlichen Verhaltensweisen bei betroffenen Kindern, sollte nicht weiter darauf eingegangen werden, um die Trennung der Eltern nicht unnötig überzuthematisieren. Dazukommend ist im Alltag auf die eigene Wortwahl zu achten. Statt der Aufforderung, Benachrichtigungen von „Mama und Papa" oder „deinen Eltern" unterschreiben zu lassen, sollten Formulierungen wie „zu Hause" oder „von einem Elternteil" verwendet werden. Die ersten beiden genannten Formulierungen können vor allem bei jüngeren Kindern mit getrennt Lebenden Eltern für Verwirrung sorgen. Bei Problemen oder Vorfällen sollten eventuell auch beide Eltern einzeln zur Sprechstunde eingeladen werden, falls diese den Kontakt zueinander meiden. Weiterhin ist zu sagen, dass man als Lehrer oder Lehrerin bei auffälligem Schülerverhalten keine vorläufigen AD(H)S-Diagnosen mit dem eigenen Halbwissen ausspricht, sondern versucht, auch andere mögliche Gründe für das Verhalten zu entdecken.